BENOITE-VAUX

MOIS DE MARIE

MAI-OCTOBRE

Elegi locum istum mihi.
J'ai choisi ce lieu pour moi.
(II PARALIP., VII, 12.)

Notre-Dame de Benoîte-Vaux.

MOIS DE MARIE

Par E. de Bar.

Elegi locum istum mihi.
J'ai choisi ce lieu pour moi.
(II Paralip., VII, 12.)

BAR-LE-DUC	PARIS
36, rue de la Banque, 36.	6, rue Cassette, 6.

Un Sanctuaire vénéré au Pays Lorrain.

NOTRE-DAME DE BENOITE-VAUX

Un beau volume, illustrations hors texte, couverture spéciale. (Edition dont il reste seulement quelques exemplaires en librairie.)

LETTRE DE S. G. MGR PAGIS A L'AUTEUR

AU SUJET DE L'OUVRAGE

Un Sanctuaire vénéré au Pays lorrain,
Notre-Dame de Benoîte-Vaux.

ÉVÊCHÉ

DE

VERDUN

MADEMOISELLE,

Je viens de lire votre livre sur Benoîte-Vaux : il m'a charmé ; je l'ai trouvé aussi intéressant qu'édifiant. Il résume les souvenirs historiques qui se rattachent à l'antique sanctuaire et les présente avec cette émotion, cette chaleur communicative, qu'une piété vive et un ardent amour peuvent seuls inspirer. Votre livre est sorti du cœur ; il trouvera facilement les chemins du cœur.

J'ajoute qu'il est écrit avec facilité, avec

élégance, et qu'il m'a étonné par la fermeté du style. Une certaine virilité d'esprit s'allie chez vous aux nuances les plus délicates du sentiment ; c'est un rare mérite.

Je vous remercie d'avoir apporté le concours de votre talent et de votre plume à une Œuvre qui m'est chère, à la restauration de l'antique pèlerinage de Benoîte-Vaux. Autrefois la Lorraine entière visitait le sanctuaire de la *Vallée bénie ;* il serait désirable que le diocèse de Verdun continuât ces traditions chrétiennes et que toutes les paroisses vinssent, à tour de rôle, raviver leur foi dans ce lieu privilégié que j'ai pu appeler la *station thermale des âmes.*

Votre livre favorisera ce mouvement de nos populations vers Benoîte-Vaux. Je le recommande à toutes les familles chrétiennes ; il leur fera mieux connaître la Vierge de qui nos pères reçurent tant de grâces ; la connaissant mieux, ils l'aimeront davantage et iront lui demander plus souvent et avec plus de confiance ces faveurs qu'elle accorde avec une bonté toujours maternelle et quelquefois miraculeuse.

Recevez donc, Mademoiselle, les félicitations et les remerciements de votre Evêque, qui vous bénit et qui bénit votre livre, en lui souhaitant tout le succès qu'il mérite.

† JEAN-PIERRE,
Evêque de Verdun.

PRÉFACE

L'ouvrage : Un Sanctuaire vénéré au Pays
lorrain, *a reçu du public le plus bienveillant
accueil ; c'est un véritable succès. Celui-ci en
est comme la* seconde édition *et le complé-
ment. Edition diminuée et augmentée en même
temps : diminuée au point de vue historique ;
augmentée dans le sens pratique et dévot à
Marie. Le premier était l'histoire de Benoîte-
Vaux, l'ouvrage documenté ; celui-ci en est
le fruit, l'ouvrage pieux.*

Parmi les Mois de Marie *c'est le plus petit
de tous que je dépose à vos pieds, ô Vierge
sainte. Bénissez-le. Suppléez à ce qui lui
manque. Donnez-lui d'atteindre les âmes. S'il
en est une seule, parmi les plus humbles, qui,
touchée à la lecture de ces lignes, élève son*

cœur vers Dieu, soit résolue à le mieux servir, à l'aimer davantage, j'aurai reçu ma récompense. Et pourtant... ce n'est pas seulement une âme que je vous demande de saisir : c'est beaucoup d'âmes. Je voudrais pouvoir les sauver toutes pour les donner toutes à Jésus-Christ.

En la fête de l'Annonciation, 25 mars 1901.

BENOITE-VAUX

Mois de Marie

Premier Jour.

Une pieuse légende nous apprend que les anges, qui chantaient jadis sur le berceau de l'Enfant-Dieu, entonnèrent leurs joyeux cantiques dès l'origine de Benoîte-Vaux, et saluèrent la Vierge sainte, en montrant à de pauvres bûcherons une statue cachée dans la profondeur des bois. Ce fut à l'instigation des bienheureux habitants du Paradis, venus pour visiter ce petit coin du pays lorrain, que commença une dévotion spéciale à la Mère de Dieu. « Ce lieu, qui s'appelait *Martin-han,* comme l'indique la charte du pape Alexandre III, en 1180, prit alors le nom de *Benoîte-Vaux, Benedicta Vallis* [1]. »

Eh bien ! soyons les imitateurs des anges pendant ce mois tout entier, et, chaque jour, aimons à redire à Marie notre amour en un saint cantique. Allons au pied de ses autels ; en tous lieux elle veut être honorée, partout elle est notre Mère ; montrons-nous ses enfants et suivons cette louable coutume de lui consacrer le mois de Mai, le mois des prémices, des espérances et des sourires du printemps.

Et comme si la dévotion à la sainte Vierge n'était point satisfaite, voici qu'un nouveau culte nous ramène encore auprès d'elle en Octobre, pour redire sans fin les *Ave Maria;* ils doivent être doux à son

[1] L'historique de Benoîte-Vaux est tiré de l'ouvrage : *Un sanctuaire vénéré au pays lorrain.*

cœur ; toutes les parties du monde la saluent et l'implorent.

Soyons fidèles à ces pratiques qu'elle aime ; notre dévotion en sera fortifiée, et cet exercice profitera à nos âmes en les sanctifiant.

Quoi de plus nécessaire que le salut de nos âmes ? Ce doit être notre unique souci, le but de tous nos efforts. Comprenons donc quel est notre devoir et quel est notre bonheur : notre devoir est de sauver notre âme et c'est aussi notre bonheur que nous poursuivons en y travaillant ; bonheur très réel, même sur la terre ; bonheur parfait, bonheur sans fin dans le Ciel. Nous n'envions rien autre chose que d'être heureux, mais nous prenons des moyens très mauvais, *pessima*, pour y parvenir : nous nous fixons à la terre et nous oublions de regarder en haut, vers Dieu qui, étant connu, servi, aimé, sera notre souveraine béatitude dans l'éternité tout entière.

O Seigneur, envoyez votre Esprit, donnez-nous la lumière qui éclairera nos intelligences, la charité qui embrasera nos cœurs.

Veni, sancte Spiritus, etc.

Ave, Maria, etc.

Notre-Dame de Benoîte-Vaux, priez pour nous.   (40 jours d'indulgence.)

Deuxième Jour.

Le domaine de Benoîte-Vaux fut confié par Albéron de Chiny, comte et évêque de Verdun, aux Prémontrés de l'Etanche, dès l'an 1140.

Ce pieux Prélat était l'ami de saint Bernard, fondateur de Clairvaux, et de saint Norbert, fondateur des Prémontrés ; il partageait avec ces deux grands Saints une incomparable dévotion envers la Vierge Marie. On était alors sous l'impression des commencements merveilleux de l'Ordre nouveau : cette appa-

rition de la Sainte Vierge, donnant elle-même
à Norbert un habit blanc que ses fils devaient
porter en son honneur ; cette sollicitude spéciale de la divine Vierge qui semblait étendre
son bras pour protéger l'Institut naissant,
comme une mère le fait sur le berceau de son
nouveau-né ; les faits touchants de la vie
du Fondateur, si dévoué lui-même à Marie,
frappaient les esprits et attiraient les cœurs.

Les religieux bâtirent leur église de Benoîte-
Vaux sous le vocable de la Sainte Vierge.

Cela se passait en 1140 et nous sommes
au xxᵉ siècle. Il y a donc huit cents ans
que la Mère de Dieu est honorée d'un culte
particulier au Vallon béni. Ferions-nous
moins que nos ancêtres ? La Très Sainte
Vierge n'a-t-elle pas autant de droits à nos
hommages qu'autrefois ? De toute éternité,
Dieu l'a aimée ; de toute éternité, il l'a
destinée à devenir sa Mère, à coopérer au
salut du genre humain. Nulle créature ne
lui est comparable : elle est grande, elle est
noble, elle est parfaite, elle est immaculée ;

elle est aussi souverainement bonne. Notre vénération et nos louanges, notre confiance et notre amour lui sont acquis.

Marie appelle surtout notre imitation et nous verrons, dans les jours qui vont suivre, comment nous pouvons lui ressembler. Aujourd'hui, dès le début de son mois, soyons du moins résolus à la contempler souvent pour l'aimer davantage, à étudier ses vertus pour les reproduire en nous-mêmes. Ce n'est pas une méditation stérile que je propose. A quoi bon ? Marie n'a que faire de nos prières et de nos chants, si notre vie n'a pas quelque similitude avec la sienne et si, la considérant comme notre Mère, nous ne sommes pas des enfants dignes d'elle. Demandons-lui cette grâce et disons avec l'Ange de l'Annonciation :

Ave, Maria, etc.

Notre-Dame de Benoîte-Vaux, p. p. n.

(40 j. d'ind.)

Troisième Jour.

Cette église fut construite dans le style
gothique, comme l'indiquent certains vestiges,
de vieux tableaux et la description d'un auteur
contemporain. Pour sa reconstruction (1698),
le style Renaissance prit le dessus, tel qu'on
le voit aujourd'hui. C'est un édifice aux proportions harmonieuses, remarquable par ses
belles sculptures, son jubé et ses stalles. On
peut voir, dans le chœur, la statue de saint
Norbert faisant face à celle de saint Augustin,
dont les Prémontrés suivent la Règle ; ces
deux statues rappellent le souvenir des religieux qui, pendant des siècles, ont été les
gardiens et les zélateurs du pèlerinage.

L'église de Benoîte-Vaux, bénie de Dieu,
nous fait songer au temple de Jérusalem,
où Marie enfant fut consacrée à la Trinité

Sainte et passa dans la paix, le silence, la prière les premières années de sa jeunesse. Elle fait penser surtout à la Vierge elle-même édifiant dans son cœur un temple magnifique qui *n'était pas fait de main d'homme* [1]. Les fondations étaient l'humilité ; les murs, la pureté ; les colonnes, la foi ; les riches ornements, toutes les vertus ; l'encens, les harmonies étaient ces élans sublimes de foi, d'espérance et d'amour qui montaient de son âme jusqu'au trône de Dieu, lui unissant sa petite créature dans une parfaite charité. Là, dans l'intime de son être, la jeune Vierge adore la Souveraine Maîtrise de la Trinité sainte. Elle est la Fille du Père et elle connaît les obligations comme les privilèges de ce titre. Elle appelle de ses vœux le Divin Rédempteur, objet sacré de l'attente des croyants, qui doit sauver l'humanité cou-

[1] Hébr., ix, 11.

pable. Elle supplie l'Esprit-Saint de répandre sur la terre le feu de sa dilection.

Marie nous enseigne le devoir de l'adoration, qui est par excellence celui de la créature envers son Créateur. Elle répète avec bonheur ce mot : O Dieu, vous êtes Celui qui est[1]; tout est devant vous comme un pur néant[2]. Je vous adore, je suis votre chose et l'ouvrage de vos mains[3]. Je me soumets totalement à votre divin pouvoir. Que le Ciel et la terre vous bénissent, Seigneur, et que tout ce que vous avez fait proclame votre gloire[4].

Marie adore si parfaitement que les trois Personnes divines se complaisent en elle, comme elle-même leur est unie d'une ineffable union. Elle vit dans le temple d'une vie déjà toute céleste, préludant ainsi aux grands mystères qui l'attendent. La sainte enfant nous donne l'intelligence de cette

[1] Exod., iii, 14. — [2] Is., xl, 17, 22, 23. — [3] Job, xxxiv, 19. — [4] Ps. xviii, 2.

parole de l'Apôtre : *Que notre conversation soit dans le Ciel* [1].

Ave, Maria, etc.

Notre-Dame de Benoîte-Vaux, p. p. n.

(40 j. d'ind.)

Quatrième Jour.

Une fontaine, qui ne tarit jamais, placée à cinquante mètres du sanctuaire, est réputée miraculeuse à cause des guérisons qui s'y opèrent. La statue de Notre-Dame domine le petit monument; elle se trouve dans une niche, due à la générosité d'un brave domestique de la famille du comte de Nettancourt-Vaubecourt, qui se dévoua plus tard comme frère coadjuteur au service du pèlerinage.

[1] Philip., iii, 20.

Cette fontaine jaillissante, n'est-ce pas l'image des grâces du Seigneur ? Les grâces *temporelles* sans doute, mais surtout les grâces spirituelles sont répandues avec profusion au Vallon de Marie. Il y a des guérisons éclatantes et, comme au temps du Sauveur Jésus, on a pu dire : *Les boiteux marchent, les sourds entendent, les aveugles voient, les morts ressuscitent.* On peut ajouter aussi : *L'Evangile est annoncé aux pauvres* [1], car le pèlerinage conserve bien son caractère populaire : les déshérités des biens de ce monde y trouvent un accueil empressé et sont l'objet d'un dévouement sans bornes. Les grâces de conversion et de salut s'ajoutent à ces bienfaits ; le surnaturel dans lequel on y vit imprègne les âmes, le recueillement s'empare d'elles, on touche Dieu de plus près qu'ailleurs, et, comme cette femme

[1] Luc, VII, 22.

qui, en tenant le vêtement du Sauveur, faisait sortir de lui une vertu de guérison, les pèlerins attirent, par leur foi, un secours divin qui transforme leurs âmes.

O béni Sanctuaire ! si tes murs pouvaient parler et raconter les merveilles qu'ils ont vues ! S'il était donné à tes confessionnaux de révéler les secrets de miséricorde qu'ils ont entendus ! Si la Table sainte et ta chère Statue pouvaient dire les flots de grâces qui ont inondé le cœur de tes pèlerins, au cours des siècles passés !

Les uns ont trouvé le pardon de leur vie pécheresse ; d'autres ont vu les vanités de la terre à la lumière de Dieu ; quelques-uns ont commencé une vie de ferveur et d'amour, encouragés qu'ils étaient par le doux regard de Marie. Et ces faveurs qu'elle répandit autrefois, elle continue à les prodiguer de nos jours sur les fidèles qui l'aiment ; sa bonté n'est pas amoindrie,

son cœur est toujours le même. Elle nous
presse d'y aller puiser ; accourons vers
elle et réclamons une part des bienfaits
de notre Mère.

Ave, Maria, etc.

Notre-Dame de Benoîte-Vaux, p. p. n.

(40 j. d'ind.)

Cinquième Jour.

Madame de Saint-Balmon était une femme
admirable par sa foi, sa piété, sa charité.
Elle habitait le château de Neuville et défen-
dait son peuple contre les attaques des bandits
qui ravageaient le pays, par ces temps de
guerres et de troubles. La statue de Notre-
Dame de Benoîte-Vaux était en péril.

Ne pouvant la protéger d'une façon assez
efficace, malgré sa vigilance, elle l'emporta

dans son château, afin de la soustraire aux profanations, et l'entoura d'hommages assidus dans sa chapelle domestique. La Vierge bénie lui témoigna sa spéciale protection par de remarquables faveurs. Pendant les deux années que Madame de Saint-Balmon eut le bonheur de posséder ce précieux dépôt, le peuple ne cessa de venir le vénérer. Mais un courant de pèlerinage s'étant reformé vers Benoîte-Vaux, elle profita d'une période de paix pour restituer la statue miraculeuse au Vallon béni.

Cette femme courageuse sauva la statue de la Vierge, et nous nous demandons de quelle manière nous pouvons l'imiter. La sainte image n'est plus en péril ; aussi n'est-ce pas en protégeant une statue de pierre, si précieuse et vénérable qu'elle puisse être, que nous lui ressemblerons, mais en sauvant un bien inappréciable et de plus en plus attaqué dans notre pays : la Foi ; la foi menacée dans l'âme des enfants, dans les institutions du pays, et jusqu'au sein des familles chrétiennes. Elle va périr si des âmes vaillantes ne se lèvent pour la défendre, pour lutter contre les persécutions sourdes, pour opposer à l'indifférence, à la lâcheté, à la haine, la noble fermeté dans le bien, la vertu dévouée, les œuvres saintes.

Ce n'est pas assez de conserver la foi. Après avoir soustrait la statue aux ravageurs, Madame de Saint-Balmon la rendit à la vénération populaire ; ainsi nous devons procurer cette foi aux âmes qui l'ont perdue et, par une ferveur féconde, faire sortir, du mal même, un bien durable à l'imitation de Dieu : *se servir de tout pour aller à Lui*. Je veux dire : tirer parti des contradictions, des obstacles pour aimer Dieu davantage, travailler au bien des âmes d'une façon plus énergique ; faire triompher la religion de tous ceux qui la harcellent, la montrer plus belle et plus pure aux yeux des ennemis de la foi qui seront réduits à admirer cette religion sainte, la voyant briller d'un éclat magnifique au milieu des temps troublés ; éclat qui témoigne de sa force divine, de sa puissance surnaturelle et du pouvoir bienfaisant que Dieu lui a donné d'exercer, dans la magnificence de son amour, pour la sanctification des âmes.

Ave, Maria, etc.

Notre-Dame de Benoîte-Vaux, p. p. n.

(40 j. d'ind.)

Sixième Jour.

Un ancien auteur a raconté les pèlerinages aux siècles de foi : Qu'elles étaient belles ces foules venues de tous les points du pays Verdunois, du Barrois et de la Lorraine ! Les pieux voyageurs s'en allaient à pied faire vingt lieues, couchaient sur la dure, jeûnaient, bravaient les intempéries des saisons ; des enfants, des jeunes filles, des vieillards, des malades se joignaient aux hommes robustes ; et, par longues files, bannières en tête, ils arrivaient à Benoîte-Vaux en chantant des cantiques où les chœurs alternaient entre eux. Dès qu'ils apercevaient le clocher, les pèlerins se jetaient à genoux et *saluaient la Vierge par trois fois.*

Alors c'était des prières et des supplications qui montaient vers le Ciel, des confessions qui se succédaient toute la nuit ; et, dès l'aurore, les fidèles se pressaient à la Table sainte pour recevoir le Dieu de toute consolation.

Voilà bien la prière publique, celle que Dieu réclame de nous quand il dit : *Si deux ou trois personnes sont réunies en mon nom, je suis au milieu d'elles* [1]. A plus forte raison quand une foule entière lève les bras vers Lui, quand mille cœurs battent à l'unisson, quand la supplication

[1] Matth., XVIII, 20.

ou l'action de grâces s'élève dans un ensemble parfait jusqu'au trône de l'Eternel.

En face de tels accents, le bon Dieu ne peut pas résister, lui qui ne demande qu'à être fléchi ; la Sainte Vierge est touchée et les bénédictions divines tombent à flots sur les peuples qui savent ainsi prier. Que deviendrait le monde sans la prière ? Saint Jérôme écrivait jadis : « Les Saints portent l'univers et, par la force de léurs supplications, ils arrêtent sa ruine imminente. » Nous lisons dans une lettre de saint Grégoire le Grand qui était alors assiégé par les barbares et délaissé du monde romain : « J'ai à Rome trois mille vierges, recueillies des monastères ruinés de l'Italie. Leur vie est tellement sainte, elles prient, elles jeûnent, elles versent tant de larmes que, si elles n'étaient pas là, nul doute que nous n'aurions pu tenir sous le fer des Lombards [1]. »

[1] Lettres. *Edition bénédictine.*

« La prière, disait Mgr Dupanloup, égale et surpasse quelquefois la puissance de Dieu : elle triomphe de sa volonté, de sa colère, de sa justice même. »

Renouvelons donc, nous aussi, dans les temps graves que nous traversons, ces superbes manifestations de notre foi et de notre amour ; prions pour l'Eglise, pour le Saint-Père, pour notre Evêque, pour le Clergé, pour la France, pour nos familles, pour nos amis et nos ennemis, pour toutes les âmes, pour le monde entier ; ne nous lassons pas de supplier Dieu, élevons nos voix, élargissons nos cœurs, afin qu'aucun besoin ne nous laisse indifférents, qu'aucune créature sous le ciel ne nous soit étrangère et que nous les embrassions toutes dans une charité universelle.

Ave, Maria, etc.

Notre-Dame de Benoîte-Vaux, p. p. n.

(40 j. d'ind.)

Septième Jour.

Depuis les moindres villages jusqu'aux capitales de la Lorraine, du Barrois et du Verdunois, tous se font représenter au Vallon béni. Et qui dira la ferveur, la piété, la forte et tendre dévotion de ces foules d'autrefois, se donnant rendez-vous au Sanctuaire sacré ?

Si nous parlons du pèlerinage de Verdun, il faut nommer les vénérables chanoines accompagnés de mille personnes. La Messe est célébrée comme aux jours les plus solennels, la petite chapelle devient cathédrale pour une fois. En août 1642, c'est Bar-le-Duc qui s'avance vers le temple vénéré. Les pèlerins sont au nombre de 1.200 ; à leur tête une bannière (qui proclame la croyance à l'Immaculée Conception dès cette époque) porte en caractères d'or la devise : *Marie a été conçue sans péché ;* 200 jeunes filles habillées de blanc forment les rangs ; les RR. PP. Capucins, Minimes, Augustins, les Religieux de Saint-

Antoine, les Jésuites, tout le Clergé, suivis du peuple, marchent en procession ; c'est un défilé admirable.

L'*Imitation* dit qu'on devient rarement saint en faisant beaucoup de pèlerinages ; et cela se comprend : un grand nombre de pèlerins s'en tiennent aux choses extérieures sans avoir la véritable dévotion ; alors Dieu, bien loin d'en être glorifié, peut leur adresser le même reproche qu'aux Juifs : *Ce peuple m'honore des lèvres, et son cœur est loin de moi*[1].

Ce n'est pas un hommage seulement extérieur que Notre-Seigneur réclame ; ce n'est pas une prière plus ou moins attentive qu'il aime ; il faut joindre à cela la charité, la vertu, la ferveur, la vie intérieure et l'intention droite.

Voyons la Sainte Vierge. Elle vivait à Nazareth dans l'intimité de son divin Fils, elle écoutait ses enseignements, suivait ses

---

[1] Is., xix, 13.

exemples, et l'Evangile nous dit que *Marie conservait toutes ces choses dans son cœur* [1]. Qu'est-ce à dire, sinon qu'elle vivait dans le recueillement et que son esprit était sans cesse attentif à accomplir la loi de Dieu ?

Rentrons donc aussi en nous-mêmes, examinons notre conduite, vivons de la *vie cachée en Dieu* [2]; alors la pratique des vertus sera l'aliment de notre dévotion, une vie édifiante à l'extérieur sera accompagnée d'une vie sainte, dévouée, remplie de grâce ; et de même que la beauté d'un fruit n'en remplace pas la saveur, une âme, pour être chrétienne, doit unir aux salutaires pratiques de notre religion les vertus surnaturelles qui sont *la bonne odeur de Jésus-Christ* [3].

Ave, Maria, etc.

Notre-Dame de Benoîte-Vaux, p. p. n.

(40 jours d'ind.)

[1] Luc, ii, 19. — [2] Coloss., iii, 3. — [3] II Cor., ii, 14.

Huitième Jour.

Que dirons-nous de Nancy ? Le pèlerinage dure *neuf jours ;* le trajet est long, les chemins mauvais, le temps pluvieux, qu'importe ! On se met en route, faisant halte à Toul et à Commercy ; on marche, on marche encore et l'on arrive enfin au Sanctuaire tant désiré. Quelques-uns sont pieds nus, d'autres, restés à jeun depuis la veille au soir, supportent les tiraillements de la faim, tous sont armés de foi et de courage ; aussi est-elle demeurée célèbre la ferveur des pèlerins de la ville de Nancy. Les bons Pères Prémontrés en furent saisis d'admiration, ils écrivaient un peu après : *La ferveur de ces Messieurs et Dames de Nancy en leur voyage à Benoîte-Vaux a réellement embrasé le cœur de tout le pays.*

Voilà un bel exemple de mortification chrétienne et de ferveur persévérante. Il en coûte parfois pour servir Dieu ; l'Evangile nous apprend que *le royaume des cieux souffre violence*[1] *;* il faut donc lutter pour le ravir. Ce n'est pas que Dieu exige des choses impossibles ou qu'il impose toujours des sacrifices héroïques ; il connaît notre faiblesse, il sait nos misères, et s'il est *Juge* il est également *Père ;* c'est nous qui sommes pusillanimes, ne cherchant que le plaisir et redoutant la peine par-dessus tout.

Considérons Marie au pied de la Croix ; voyons ce qu'il lui en coûte pour nous enfanter à la grâce. Rien de grand ne se fait sans la souffrance. L'exemple de Jésus, de Marie, des Saints en est une preuve évidente. Si nous voulons aimer Dieu, nous souffrirons certainement ; mais combien plus douce que les fausses joies du monde sera la douleur acceptée avec amour et supportée avec patience !

[1] Matth., xi, 12.

Elle sera féconde aussi, comme l'a été celle de la Sainte Vierge : c'est le gage de notre rédemption, le prix de la rançon pour ceux qui nous sont chers ; et, au jour béni de la béatitude, laissant loin derrière nous ces quelques instants de douleur, nous nous élancerons en pleine éternité de joie.

Disons donc avec le Psalmiste : *L'héritage qui m'attend est vraiment magnifique ; splendide et enivrante est la part qui me revient. Le Seigneur lui-même est mon partage. Aussi mon cœur est dans l'allégresse et ma langue tressaille... Vous m'avez fait connaître les voies de la vie, vous me remplirez de joie en me montrant votre visage et mes délices n'auront point de fin* [1].

Ave, Maria, etc.

Notre-Dame de Benoîte-Vaux, p. p. n.

(40 j. d'ind.)

[1] Ps. xv, 5-11.

Neuvième Jour.

D'illustres personnages, dont l'histoire conserve le nom, sont venus à Benoîte-Vaux. Depuis des siècles, Notre-Dame réside en ce lieu, les pèlerins y accourent de tous les points du pays Lorrain pour y chanter ses louanges. C'est là que nos ancêtres ont prié, c'est là qu'ils ont pleuré, c'est là que Marie les a accueillis comme ses enfants bien-aimés. Quel souvenir et quelle espérance ! Tout se trouve réuni dans ce petit coin de terre : et les vœux de nos aïeux et les espoirs des générations futures, et le berceau et la tombe, et le passé et l'avenir.

Benoîte-Vaux, si cher à la Lorraine des temps anciens, est peut-être plus cher encore à la patrie des jours présents ; car ce Sanctuaire, illustré par la foi de nos pères, est devenu le foyer familial où une prière incessante joint aux vivants ceux qui ont quitté la terre. Si la communion des Saints est un dogme admirable autant qu'il est consolant, on peut à Benoîte-Vaux en expérimenter toute la douceur. Chaque fête de la Sainte Vierge ramène, avec les supplications pour les morts, le souvenir des bienfaiteurs vivants du pèlerinage ; le Ciel et la terre sont unis dans une même prière et dans une ardente charité.

On doit toujours prier et ne jamais se lasser [1], lisons-nous dans l'Evangile. Il est évident que cette prière continuelle ne consiste pas dans la répétition de certaines formules ; il ne s'agit aucunement de la prière vocale ni même de l'oraison mentale *actuelles*. La faiblesse de la nature humaine et les soucis de la vie ne sauraient permettre une attention ininterrompue à la présence de Dieu ; au Paradis seulement ce sera possible. Ici-bas cependant la *prière du cœur* peut avoir cette continuité.

[1] Luc, xviii, 1.

Qu'est-ce donc que la prière du cœur ? C'est, il me semble, dans le sens large, une disposition constante d'éviter le péché, d'aimer Dieu, de se soumettre à sa volonté, une attention vigilante aux inspirations de la grâce, une ferveur de volonté qui cherche en toute circonstance à lui plaire et qui profite de toutes les occasions pour lui prouver son amour.

Une âme ainsi unie à Dieu prie constamment, puisque son cœur, c'est-à-dire sa volonté, est sans cesse tourné vers le Bien suprême, vers Celui qui est toute sa vie, et *l'oreille de Dieu,* comme dit le Psalmiste, *entend la préparation de nos cœurs* [1]. Il ajoute : *Vive le Seigneur, en la présence duquel je suis* [2] *!* Cette présence de Dieu est à nos âmes ce que la respiration est pour notre corps.

Voilà comment la Très Sainte Vierge

[1] Ps. x, 17. — [2] IV Reg., iii, 14.

vivait avec Jésus-Christ à Nazareth aussi bien qu'au temps de sa vie publique et de son séjour au Ciel, après l'Ascension, elle lui restait unie dans une parfaite conformité. *Adhæsit anima mea post te* [1].

Ave, Maria, etc.

Notre-Dame de Benoîte-Vaux, p. p. n.

(40 j. d'ind.)

Dixième Jour.

La foi des pèlerins s'unissant à la bonté de Marie eut pour effet des grâces extraordinaires, des miracles de guérison et des prodiges de miséricorde. S'il fallait les nommer tous, la liste en serait longue.

Dès les temps les plus reculés, d'anciens auteurs, *témoins oculaires,* parlent des faveurs

----

[1] Ps. LXII, 8.

signalées de Notre-Dame de Benoîte-Vaux.
Citons textuellement :

« L'enfant mort-né de Nicolas Levesque,
habitant Loumont, ressuscité et baptisé. —
Anne Royer, de Bar-le-Duc, qui était impotente : guérie. — Barbe Peccani, de Bar-
le-Duc, qui était bossue : redressée. — Sœur
Nicolle Jactare, religieuse de Sainte-Claire de
Bar-le-Duc, guérie d'une rupture (hernie). —
La guérison de Mangeon Géant, de Gondre-
court, qui avait une jambe raccourcie. — La
guérison de Gillette Ambroise, de Pierrefitte,
qui avait les jambes chargées d'ulcères. — La
guérison de Claude Gruyer, de Loisey, qui
était ensorcelé. — Marie de Bar, fille de
Maître Robert de Bar et de Dame Louise
Rosières, qui était aveugle : éclairée. — La
guérison de Jeanne Porrö, de Neufchâtel, qui
avait l'eschine du dos rompue. — Claudine
Guérin, de Comrot, guérie de pulmonie et
mal caduc, etc., etc. »

Cette série de guérisons obtenues par
la foi vive des pèlerins forme une
éloquente nomenclature. Les impies se

moquent d'une façon assez piteuse de notre foi simple, naïve et forte. « Des miracles ! s'écrient-ils, on ne nous fera pas croire cela. » Et ce sont les plus ignorants qui font ces affirmations, ou, s'ils ont quelque science, ce n'est pas assurément celle de la religion qu'ils attaquent sans la connaître, ne se donnant pas la peine de l'étudier. Au fond, ils ont plus de foi qu'ils ne pensent. « Parmi ceux qui se proclament incrédules, disait Lacordaire, vous rencontrerez les affirmations les plus étranges, les plus incroyables. Alors même qu'il a renoncé à tout, l'incrédule compose de ces débris de sa croyance passée un fantôme auquel il tend les mains, devant lequel il se prosterne ; c'est là, si j'ose le dire, ce qu'il y a encore de divin dans l'erreur [1]. »

Le mystère n'est-il pas partout dans la nature ? La foi religieuse n'est pas la seule

---

[1] *Conférence sur la puissance de la foi.*

croyance des humains ; on croit à tant de choses qu'on ne peut ni voir, ni sentir, ni vérifier ! et parce que c'est en la parole de Dieu, en sa puissance qu'il faut croire, certains hommes s'en trouvent humiliés, ils ne veulent pas ployer les genoux, courber la tête et adorer.

Oh ! par Marie Immaculée, remercions Dieu du bienfait de la foi. D'une voix ferme, d'un cœur vaillant, redisons tous notre *Credo* : Je crois à la religion revélée, je crois à la parole divine, je crois à la bonté infinie, je crois à l'Eglise du Christ, à tout ce qu'elle enseigne, à tout ce qu'elle commande, à tout ce qu'elle approuve ; et, pour garder ma foi, je donnerais ma vie.

Ave, Maria, etc.

Notre-Dame de Benoîte-Vaux, p. p. n.

(40 j. d'ind.)

Onzième Jour.

En 1643, c'est un double miracle qui s'opère au sanctuaire vénéré. « Le jour de la Saint-Louis, en présence de deux compagnies du régiment des gardes du roi, se trouvant à la suite du duc d'Angoulême campé à Tilly, et venues à Benoîte-Vaux par curiosité, un enfant âgé de quatre ans, né perclus, fut apporté par sa mère qui faisait partie de la procession de Bar-le-Duc. On le vit tout à coup marcher, puis courir, quoiqu'il ne l'eût fait de sa vie, au dire de *tous ses concitoyens.*

Le bruit de ce miracle étant venu aux oreilles d'un officier du régiment de Chambre, nommé de Bains, le détermina, quoiqu'il fût luthérien, à essayer si Notre-Dame pourrait le débarrasser de la goutte dont il souffrait horriblement. Il acheta un chapelet qu'il fit bénir et toucher à la sainte image, puis le porta jour et nuit en forme de bracelet. Cette dévotion le délivra entièrement de sa maladie, ce qui lui donna tant de confiance qu'il abjura ses erreurs et se convertit à la foi catholique [1]. »

Admirons la bonté de la Sainte Vierge qui étend ses bienfaits jusqu'aux brebis égarées de son bercail. Ce n'est pas en vain que l'Eglise la nomme Mère de miséricorde : *Mater misericordiæ*. Quelle réunion d'idées dans ces deux mots : *mère* et *miséricorde!* Une mère, ce qu'il y a de plus indulgent, de plus secourable, de plus dévoué, de plus aimant; la miséricorde, ce qui existe de plus rassurant pour nous qui sommes tous de *pauvres pécheurs;* la miséricorde, c'est-à-dire le pardon, la pitié, la consolation dans les peines, l'espérance, le secours et la paix ; la miséricorde concédée par Marie au nom de son Jésus... Comment n'aurions-nous pas confiance?

[1] Cité par Dumont, *Hist. des monastères de l'Etanche et de Benoîte-Vaux.* Nancy, 1853.

comment pourrions-nous ne pas recourir à une telle Mère dans nos besoins, nos souffrances, nos misères, nos langueurs et dans toutes les circonstances de notre vie? Nous sommes certains qu'elle tournera vers nous les yeux cléments de son Enfant divin : *misericordes oculos ad nos converte ;* et quelle douleur pourrait résister au sourire de Dieu?

Ave, Maria, etc.

Notre-Dame de Benoîte-Vaux, p. p. n.

(40 j. d'ind.)

Douzième Jour.

A la même époque, une impotente, Anne Masson, de Liverdun, fut portée à Benoîte-Vaux. Elle faillit mourir en route ; mais, arrivée à l'église, elle descendit elle-même de voiture et se trouva subitement guérie.

Dominique Thévenin, maître maçon à Nancy, avait une fille cruellement défigurée par un cancer. Les médecins l'ayant déclarée incurable, son père fit vœu d'aller à Benoîte-Vaux. Il partit, puisa de l'eau et, revenant dans son pays, lava la face de l'enfant. A mesure qu'il l'imprégnait, le cancer disparaissait, les yeux s'ouvraient, la peau du visage devenait d'une netteté parfaite.

Quel est donc le but de Dieu dans ces guérisons merveilleuses? Il nous est bien permis de le chercher, afin d'apprécier à leur valeur de semblables bienfaits et d'en saisir toute la portée, de nos jours surtout où ces guérisons éclatantes se renouvellent sans cesse dans les centres de pèlerinages et font un certain bruit par le monde.

Nos sanctuaires les plus célèbres ne

____

[1] Marc, VIII, 2.

seraient-ils que des *sanatoria* renommés ?
Les entreprises de la religion aboutiraient-
elles à un système bien organisé de théra-
peutique ? Non, non, Dieu a pour habitude,
si j'ose parler ainsi, de subordonner le
matériel au spirituel, le fini à l'infini ; et
les miracles de guérison sont par-dessus
tout *le triomphe du surnaturel.*

Le miracle est un moyen... populaire,
moyen sublime qui frappe l'esprit des
foules et conquiert les cœurs parce qu'il
est un bienfait. *Misereor super turbam* [1] :
J'ai pitié de ce peuple. Oh ! qui dira la déli-
catesse de cette parole tombée des lèvres
du Christ, la tendresse de ce regard jeté
sur tout ce qui souffre, tout ce qui peine
ici-bas ? Dieu a des miséricordes infinies
pour guérir les souffrances humaines, mais
la grande misère n'est-elle pas la misère
morale ? Les âmes sont atteintes plus pro-

---

[1] Marc., VIII, 2.

fondément que les corps, et Jésus et Marie, qui guérissent les plaies, vont aussi et surtout à l'intime de l'âme pour toucher des maux qui semblaient irréparables et les cicatriser par des prodiges de charité.

A notre époque matérialiste, Dieu a voulu rendre le surnaturel palpable, visible, s'il est permis de se servir de ces expressions impropres, afin d'y faire croire ; et chaque jour, dans les sanctuaires de Marie, au seuil du xxᵉ siècle, le miracle est en exercice. C'est la main du Tout-Puissant qui se montre, c'est la Vierge Marie qui s'incline vers la terre ; c'est le triomphe de l'esprit sur la matière, c'est le Ciel révélé ici-bas.

Ave, Maria, etc.

Notre-Dame de Benoîte-Vaux, p. p. n.

(40 j. d'ind.)

Treizième Jour.

En 1644, un prodige éclatant, certifié véritable par l'Official de Verdun, fut celui des *pleurs de la statue miraculeuse*. Les fidèles remplissaient l'église, tout à coup on vit la Sainte Vierge regarder le peuple d'un air triste, puis tourner les yeux vers son Enfant Jésus et ensuite les lever au Ciel, d'où elle semblait implorer un secours. *La face de l'image devint fort belle et vermeille, comme celle d'une personne vivante.* Le fait extraordinaire dura environ huit minutes. Les assistants furent fort épouvantés et ensuite saisis d'admiration. Avec la Sainte Vierge, ils s'attristèrent, criant : « Miséricorde ! miséricorde ! ayez pitié de nous ! » mais ils la virent en même temps si belle, si douce et si bonne, qu'ils prirent confiance, jugeant que, si ce prodige annonçait de grandes calamités, la divine Mère ne les abandonnerait pas, serait leur refuge, leur soutien et leur protection. L'avenir justifia cette interprétation : au milieu des guerres et des désastres qui suivirent, Marie montra que sa puissance sur le Cœur de Dieu est sans limites, en conservant ceux qui avaient mis leur confiance en elle.

Voyez ce qui se passe aux noces de Cana : Jésus répond par un refus à la demande de sa Mère, et elle, n'en tenant pas compte, dit à ceux qui servent : *Faites tout ce qu'il vous dira.* Le miracle s'opère. Voilà bien la puissance de Marie sur la *volonté* même de son Fils : *omnipotentia supplex.*

Et comme elle a dit : *Ils n'ont plus de vin,* ne peut-elle pas dire à son Jésus, en parlant de nous autres : « Mon Fils, ils n'ont plus de santé, — ils n'ont pas de force, — ils n'ont pas de joie, — ils n'ont plus d'espérance, — ils n'ont plus de bonheur? » Notre-Seigneur, dût-il faire un prodige, nous rendra tous ces biens à la voix de Marie. S'il a écouté sa Mère alors que *son heure n'était pas venue,* que ne lui donnera-t-il pas quand les temps seront accomplis de manifester sa gloire sur toute la terre! remarque Bossuet [1]. « Qui n'admire, continue le grand orateur, que Jésus n'ait voulu faire son premier miracle qu'à la prière de la Sainte Vierge? Ce miracle en cela diffère des autres : il est pour une chose non nécessaire, car quelle nécessité qu'il y eût encore du vin à ce banquet? Marie le désire, c'est assez. »

Espérons donc tout de Marie, puisque « tous les biens nous sont venus par elle [2] » et que nous sommes ses enfants chéris. Ecoutons encore la voix de Bossuet : « Paraissez, enfants de miséricorde et de grâce, d'adoption et de prédestination éternelle; accourez à la Sainte Vierge et venez vous

[1] Bossuet, *Sermons.*
[2] Saint Augustin.

ranger sous les ailes de sa charité maternelle [1]. »

Ave, Maria, etc.

Notre-Dame de Benoîte-Vaux, p. p. n.

(40 j. d'ind.)

Quatorzième Jour.

Dans la suite des âges, Benoîte-Vaux a eu ses jours de gloire et ses jours de douleur; bien des fois les Anges du sanctuaire ont gémi et pleuré; bien des fois les murailles nues et froides ont redit à tous la désolation du temple dépouillé de ses splendeurs passées; mais toujours la Vierge sainte a réapparu victorieuse, toujours ses miracles de bonté et de paix se sont accomplis dans la Vallée de bénédiction.

L'église et le couvent des Prémontrés, qui

[1] Bossuet, *Sermons.*

avaient été pillés et affreusement dévastés en
1649, le furent encore pendant la révolution
de 1793. On croyait alors tout perdu, le sanctuaire resta longtemps désert et désolé ; mais
je ne sais quel respect empêcha de le faire
servir à un usage profane : nul n'osa en dis-
poser... Quand l'ordre fut un peu rétabli dans
le pays, les pieuses populations du voisinage
s'y donnèrent rendez-vous le dimanche pour
prier ensemble, se consoler et chanter, quoi-
que sans prêtre, la Messe et les Vêpres.
N'est-il pas touchant de voir cette foi vivace
que ni les persécutions, ni les dangers, ni le
temps n'avaient pu ébranler dans le cœur de
nos braves paysans lorrains ?

Le Cœur de Marie fut sans doute touché
d'une si belle fidélité ; son culte se rétablit ;
et Benoîte-Vaux finit par rayonner d'une
gloire qu'il n'avait pas connue dans ses
plus beaux jours. La France, qui avait
traversé tant de crises, ne pouvait en
mourir : la Vierge Sainte veillait sur elle
pour la sauver. Jamais, dans les annales

du monde, on ne vit un pays plus dévoué à Marie ; c'est l'objet de nos immortelles espérances. Un élan magnifique nous porte vers elle ; toutes nos routes sont sillonnées de processions ; le train de plaisir s'est changé en pèlerinage ; la vapeur est devenue le véhicule de la dévotion, et, d'un bout de notre territoire à l'autre, on entend partout de perpétuels *Ave Maria*. « La France, à cause de ses pèlerinages, est devenue le *premier temple de l'univers;* c'est chez nous que les peuples viennent prier Marie. Après les révolutions, après la terrible guerre de 1870, on disait : « La France est un tombeau », et voilà qu'elle est un Cénacle ! Nos ennemis s'écriaient : « La foudre va tomber sur eux ! » Et la foudre a passé par-dessus nos têtes, parce que nous étions à genoux [1]. »

Dieu lui-même a mis dans nos cœurs l'amour de la patrie ; nous devons nous

[1] R, P. Caussette, *Mélanges oratoires.*

dévouér au pays qui nous a vus naître ;
mais pour l'aimer d'un amour efficace, il
faut le christianiser. Puisse la Vierge
Marie nous obtenir cette grâce ! Alors nos
efforts seront couronnés de succès, son
culte grandira dans notre France : « Pro-
pager le culte de la Sainte Vierge, disait
le cardinal Donnet, c'est faire acte de
patriotisme. »

Ave, Maria, etc.

Notre-Dame de Benoîte-Vaux, p. p. n.

(40 j. d'ind.)

Quinzième Jour.

De courageuses femmes avaient sauvé les
débris sacrés de la chère statue en 1793 ; elles
les conservèrent pieusement chez elles ; dès
que la Vierge put reprendre sa place dans la

niche séculaire, ces importantes reliques furent adaptées à une nouvelle statue qui est en vénération maintenant, précieux souvenirs des temps qui ne sont plus et dont la vue, en ravivant nos douleurs, excite nos espérances, puisque Marie a voulu élire de nouveau son domicile parmi nous.

Nous avons dit hier combien la France aime la Très Sainte Vierge ; voyons aussi quelle est la prédilection de Marie pour notre patrie. Quels peuples a-t-elle visités comme elle nous a visités ? Elle vient sur notre terre en souveraine, elle y sème les miracles comme une grande reine sèmerait son or ; et cela, non pas une fois, non pas sur un seul point du territoire, mais dans des sites divers où elle se plaît à apparaître, à multiplier ses conseils, ses recommandations et ses bienfaits ; elle se montre une Mère admirable, entourant ses enfants d'une constante sollicitude. Oh ! s'il était donné d'écrire l'histoire de France par rapport à Marie, quelles merveilles on découvrirait! nul peuple n'a été aimé comme nous : *Non fecit taliter omni nationi* [1]. Aux nations voisines, Dieu n'a pas envoyé sa Mère, et quand il a voulu les frapper, le bras de Marie n'a point retenu sa colère. Nous sommes coupables, nous allons aux abîmes ; mais, sous les coups mêmes de la divine Justice, nous espérerions encore parce que la Mère de notre Dieu est avec nous. Elle est Reine de France et Reine des Victoires. Lourdes, La Salette, Benoîte-Vaux, Pontmain, Fourvière, Roc-Amadour, La Délivrande, Bon-Secours, Chartres, Paris, etc : voilà les trophées de sa victoire. C'est là qu'elle siège le sceptre en main, là qu'elle commande, là qu'elle protège, là qu'elle pardonne. Elle est Reine par la puissance, Mère par l'amour ; que ne peuvent pas

---

[1] Ps. CXLVII, 9.

faire ces deux choses réunies : la puissance au service de l'amour ! « On cède facilement aux prières, disait Bossuet, quand on est déjà gagné par l'amour [1]. » Voilà nos motifs de confiance, mais c'est à nous d'agir.

Ave, Maria, etc.

Notre-Dame de Benoîte-Vaux, p. p. n.

(40 j. d'ind.)

Seizième Jour.

En 1830, Mgr de Villeneuve vint à Benoîte-Vaux célébrer le saint Sacrifice pour le succès de nos armes en Algérie.

En 1833, Mgr Valayer y réunit plusieurs paroisses pour la confirmation des adultes et

---

[1] Bossuet, *Sermons.*

des enfants. C'était la première fois, depuis la tourmente révolutionnaire, qu'un Evêque paraissait avec solennité dans la sainte chapelle.

Nous avons parlé des prédilections de Marie pour la France et de l'espérance qu'elles nous donnent. Plus que jamais nous avons besoin de sa protection, car : *les sectateurs de Satan sont montés de leurs antres ténébreux à la surface de la terre ; ils font le siège du camp des saints et de la cité bien-aimée* [1]. Ne cessons pas un seul jour d'appeler Marie à notre aide. Rappelons-nous ce fait :

Saint Grégoire le Grand, dans l'espoir de détourner le fléau de la peste, à Rome, fit faire cette fameuse procession de trois jours. Pendant qu'elle défilait devant lui, il vit apparaître sur le sommet de la *Moles Hadriana* un ange qui remettait l'épée dans le fourreau. Son image, debout sur le

---

[1] Apoc., xx, 8.

colossal mausolée, lui a donné lé nom de *Château Saint-Ange* et perpétue de nos jours encore la vision de saint Grégoire.

Pour que l'Ange qui préside aux destinées de notre patrie remette l'épée dans le fourreau, pour que la justice de Dieu soit apaisée, pour que des maux bien autrement graves que la peste soient détournés de nous; pour que l'Eglise de France, menacée dans ses institutions sacrées, dans ses Congrégations religieuses, dans le libre exercice de son culte, triomphe des persécutions ouvertes et des embûches de l'ennemi masqué, oh ! prions Marie et servons la France. Prions d'abord, agissons ensuite ; faisons le bien sans nous lasser; ne soyons pas de ceux qui reculent devant l'effort, déplorant les malheurs de la patrie sans rien faire pour les atténuer. Que pouvons-nous? disent-ils, nous ne sommes qu'une goutte d'eau dans l'océan de l'apostolat. Mais remarquez que l'océan n'est composé que de gouttes d'eau.

« L'Evangile ne peut pas mentir, disait dernièrement notre grand Pontife Léon XIII. Or il y a dans l'Evangile une parole qui me rassure pour le sort de la France, quels que soient les erreurs et les crimes dont elle est aujourd'hui victime. Cette parole, la voici : *Beati misericordes, quoniam ipsi misericordiam consequentur.* Bienheureux les miséricordieux, parce qu'ils obtiendront miséricorde. Et quelle est, dans le monde, la nation miséricordieuse, si ce n'est la France? N'est-elle pas à la tête de toutes les bonnes œuvres? Ne rencontre-t-on pas son cœur généreux à toutes les extrémités du monde [1] ? »

Ave, Maria, etc.

Notre-Dame de Benoîte-Vaux, p. p. n.

(40 j. d'ind.)

---

[1] Paroles de Léon XIII au R. P. Monsabré.

Dix-septième Jour.

Benoîte-Vaux, qui était annexe de Rambluzin, fut érigé en paroisse le 5 juillet 1846, par Mgr Rossat.

Alors l'obole du pauvre s'unit à l'offrande du riche pour réparer et embellir le temple de Marie. Les Séminaires, les élèves des pensionnats religieux, se cotisèrent pour offrir les objets du culte. Une pieuse *mendiante* recueillit la somme de *300* francs. Les Dames de Bar-le-Duc envoyèrent des dons précieux. L'Evêque, les familles nobles du diocèse tinrent à honneur de contribuer dans une large part à la décoration de l'édifice.

Les pèlerinages prirent alors un caractère de pieuse et profonde dévotion ; ils furent plus fréquents et très recueillis. Benoîte-Vaux devint un centre de réunion pour le diocèse de Verdun, un foyer toujours vivant destiné à projeter sur le pays tout entier les rayons de son ardente charité, ce foyer de famille où la Mère aime à réunir de temps en temps, sous son regard, ses enfants dispersés pour répandre sur eux des trésors de tendresse. Voilà bien le caractère de notre pèlerinage meusien. Admirons, dans les grands sanctuaires, les éclatantes manifestations des foules immenses et toute la pompe des cérémonies universelles : nous sommes *trop petits* pour cela. A nous les pèlerinages diocésains ou régionaux ; à nous les paroisses pieuses ; à nous les Patronages, les Séminaires, les Associations, les familles ; à nous les âmes recueillies dans l'enceinte d'un sanctuaire intime ; et là, entre la Vierge et l'Autel, les pieux colloques de la dilection.

Je dis : entre la Vierge et l'Autel. Oui, c'est bien l'endroit le plus délicieux de Benoîte-Vaux et je ne sais pas un autre lieu de pèlerinage où cette place soit si bien marquée. C'est Marie qui conduit à Jésus. Elle a été son premier ciboire et son premier ostensoir ; elle nous montre le Tabernacle d'amour où, tous les jours, son Fils adoré se donne aux âmes, pour les sanctifier et les élever jusqu'à lui. Combien souvent cette petite porte s'ouvre ! et toujours, avec profusion, l'Hostie sainte est distribuée à ceux qui se présentent. Demandons à Marie qu'elle nous apprenne à aimer son Jésus, puisqu'elle est la Mère de l'amour incarné. O Dieu anéanti ! ô Dieu fait homme ! caché dans le sein de Marie, caché dans l'Eucharistie, caché pour atteindre jusqu'à notre bassesse, je vous adore et j'unis mes adorations aux adorations parfaites de la Très Sainte Vierge Marie.

Ave, Maria, etc.

Notre-Dame de Benoîte-Vaux, p. p. n.

(40 j. d'ind.)

Dix-huitième Jour.

En 1875, c'est le couronnement de la chère statue qui attire les pèlerins à Benoîte-Vaux. Nosseigneurs les Evêques de Nancy et de Châlons viennent se joindre à Mgr Hacquard, 400 prêtres les environnent ; le R. P. Souillard, Dominicain, donne un discours remarquable ; la Messe pontificale est célébrée dans ce temple immense créé par la main de Dieu, qui a pour voûte le ciel, pour luminaire les rayons du soleil, pour clôture les grandes forêts si riches de tons chauds en automne.

L'après-midi, une longue procession s'orga-nise, la Sainte Vierge est portée en triomphe autour de son Vallon béni ; elle est ornée de la couronne que lui a décernée l'amour de ses enfants et que le Souverain Pontife, Pie IX, a ordonné de poser sur son front : couronne de Mère, couronne de Vierge, couronne de Reine. N'a-t-elle pas droit à tous ces titres ? Ne réunit-elle pas toutes ces beautés, elle, l'héroïque

Mère ; elle, l'Immaculée ; elle, la Souveraine du Ciel et des mondes ?

Sur la terre, la Très Sainte Vierge, inconnue au milieu des autres femmes, n'ayant pas même aux yeux des hommes l'honneur de sa consécration virginale, vivant d'une vie humble, simple, laborieuse, ne recherchait pas la gloire. Voyez comme Dieu lui-même se plaît à la glorifier ! Partout où l'Eternel est adoré, Marie est vénérée ; il n'est pas un temple du Seigneur qui ne possède l'image de sa Mère, et pour les disciples du Christ, la grande dévotion de leurs cœurs va tout droit à la Vierge sainte.

Elle était, dès ce monde, *bienheureuse entre toutes les femmes, pleine de grâce ;* mais son action était cachée aux mortels, sa divine mission était voilée et le mystère de sa sainteté, de ses mérites suréminents était inconnu. Elle a été l'*Humble* par excellence. Cette humilité attira les regards de Dieu, selon la parole de saint Bernard : « Elle plut à Dieu par sa virginité, mais c'est à raison de son humilité qu'elle mérita d'être la Mère de Jésus-Christ [1]. »

Pratiquons donc cette vertu, à l'imitation de Marie, et Dieu se plaira à nous traiter comme il l'a traitée. En levant les yeux, on cherche Dieu, mais c'est une erreur de croire qu'on ne voit Dieu qu'en haut ; en s'abaissant, on le trouve aussi, et plus on s'abaisse, plus on le goûte dans l'intime de son être. C'est l'abîme de notre néant qui attire l'abîme de sa grandeur ; l'homme ne rencontre son Créateur que dans l'anéantissement de lui-même, et l'union est d'autant plus parfaite que l'anéantissement est plus profond.

Ave, Maria, etc.

Notre-Dame de Benoîte-Vaux, p. p. n.

(40 j. d'ind.)

[1] S. Bernard., *Sup.* « *Missus est.* »

Dix-neuvième Jour.

Les aspects opposés qu'offre Benoîte-Vaux sont dignes de remarque : une solitude profonde qui n'est troublée par aucun bruit, par aucune voix ; où, seule, la petite cloche qui répète les heures résonne doucement dans une atmosphère pure ; et ces jours de pèlerinage qui, tout à coup, transforment le paysage, forment un contraste saisissant. C'est le recueillement, la paix, le charme exquis du *Vallon solitaire ;* ensuite c'est le mouvement, l'imprévu, l'agitation d'un millier de pèlerins qui vont et viennent, manifestant diversement leur dévotion : les uns prient à la fontaine, d'autres se recueillent à l'église, ils entourent la statue, se pressent auprès des confessionnaux, à la Table sainte, puis sortent pour prendre part à la procession. L'humble Vallon ressemble à une cité ; ajoutons que ce mouvement n'a rien qui tienne du désordre ; c'est une activité pleine de vie, une démonstration toute calme qui laisse au cœur le souvenir de la Vierge bénie.

Admirons la puissance morale des pèlerinages qui parviennent, à notre époque de divisions, à subjuguer sous une même idée, à unir dans un seul sentiment les foules composées d'éléments si divers : enfants et vieillards, riches et pauvres, heureux et affligés, tous viennent aux pieds de Marie ; d'une seule voix, d'un seul cœur, ils prient.

Ils ont quitté leur pays, leur famille, laissant de côté leurs préoccupations journalières ; et pourquoi faire ? pour prier. Ils ne se connaissent pas, ils ne se sont jamais vus, ne se reverront peut-être jamais, et pourtant ils se sentent frères.

C'est la parole du Sauveur réalisée : *Sint unum* [1], qu'ils soient un, ô mon Père, comme nous sommes un ! Et puisque *tout*

______
[1] Joan., xvii, 11.

royaume divisé contre lui-même périra [1], comprenons la nécessité d'être unis entre catholiques ; demandons à Dieu, par la Vierge Immaculée, *Notre-Dame de paix*, comme l'appelaient autrefois nos pères à Benoîte-Vaux, cette union qui est le signe de la force et le gage de la victoire. Comment des chrétiens peuvent-ils être divisés ? comment ceux qui sont les fils d'une même Mère, qui participent aux mêmes Sacrements, sont assis à la même Table, ont-ils parfois dans leurs cœurs des sentiments si différents ?

Qu'ils soient un, ô Vierge sainte, tous ceux que vous bénissez, tous ceux sur lesquels votre maternel regard se pose, tous ceux qui sont à vos pieds et qui prient, tous ceux qui sont fils de Dieu et fils de France.

Ave, Maria, etc.

N.-D. de Benoîte-Vaux, p. p. n. (40 j. d'ind.)

[1] Matth., xii, 25,

Vingtième Jour.

La plantation de la croix rapportée de Jérusalem eut lieu en 1889. Cette fête fut présidée par Nosseigneurs les Evêques de Verdun, Nancy et le vénérable Mgr Bagnoud, évêque de Bethléem, qui, malgré ses quatre-vingt-six ans, vint de la Suisse et célébra la Messe pontificale. Cette croix majestueuse est plantée sur le monticule qui domine la vallée ; elle se trouve au centre des stations de la voie douloureuse, superbes menhirs, sculptés par des artistes et qui, placés au milieu du feuillage, donnent un cachet particulier, une couleur toute locale au paysage. Ces reproductions excitent surtout la piété des fidèles ; tous les jours on les voit, par groupes, faire avec recueillement ce *Chemin de la croix.* C'est une des grandes dévotions du pèlerinage, un des fruits les plus précieux peut-être de leur pieux voyage que la considération habituelle des douleurs du Sauveur en union avec la Reine des Martyrs. Ils y trouvent la force de supporter les douleurs de la vie, et avec la force la consolation et la paix.

Nous sommes faibles parce que nous nous tenons trop loin de la croix. Il est dit dans l'Evangile que *Pierre suivait Jésus de loin,* au moment de sa Passion ; s'il se fût rapproché de lui, peut-être aurait-il été moins pusillanime et n'en serait-il pas arrivé à renier son Maître. Si, comme Marie, Jean et les saintes Femmes, nous restions contre la croix de Jésus, nous y trouverions la vaillance et l'amour. Mais nous avons peur de souffrir et nous sommes lâches en charité. Aimons donc Celui qui nous aime, qui nous aime jusqu'à mourir pour nous... Dans le *Stabat,* nous chantons cette strophe : *Fac me plagis vulnerari, Fac me cruce inebriari, Et cruore filii.* S'enivrer de la croix ! Que nous en sommes loin ! « Ce n'est pas seulement, dit un prédicateur, se soumettre aux épreuves, se résigner à souffrir, ce n'est pas seulement goûter au calice amer et boire avec patience, boire même jusqu'à la lie quand le Seigneur le veut et l'ordonne ; mais c'est goûter avec délices, boire avec transport et vouloir épuiser la coupe des douleurs, les boire, dirai-je, jusqu'à l'excès, jusqu'à l'ivresse et à la mort [1]. »

C'est ainsi que font les Saints ; ce sont les hommes au grand cœur, ils aiment avec ardeur le Dieu qui les a tant aimés. Disons donc avec eux, pauvres que nous sommes : Seigneur, nous ne savons pas aimer et pourtant c'est avec bonne volonté, avec ferveur que nous répétons : « O mon Dieu, cœur pour cœur, amour pour amour, vie pour vie [2] ! »

Ave, Maria, etc.

Notre-Dame de Benoîte-Vaux, p. p. n.

(40 j. d'ind.)

---

[1] R. P. Lefebvre, *Sermons.*
[2] 40 j. d'ind. sont attachés à cette oraison jaculatoire.

Vingt et unième Jour.

La veille des grands jours de fête, une procession aux flambeaux s'organise. Par un beau soir d'été, ces marches triomphales sont saisissantes ; les astres scintillent à travers les grands arbres, la vacillante lumière des cierges bénits que chaque fidèle tient en montant la colline éclaire à demi le paysage, faisant apercevoir de temps en temps ces blancs monolithes des stations qui ressemblent à des fantômes ; tout cela donne à la nature un aspect mystérieux qui frappe les esprits, en même temps que de touchants cantiques remuent les cœurs : *Je suis au Vallon solitaire,* redit dans le lointain l'écho des montagnes. Et puis c'est le *Stabat,* le chant devient plaintif, et la nature même semble s'attrister. Une voix d'apôtre se fait entendre au sommet de la roche, elle commente les strophes liturgiques, elle invite les âmes à la confiance, à

l'amour, elle les excite à l'action de grâces.
Alors un superbe *Magnificat* ébranle le Vallon,
c'est la joie qui domine, c'est la gloire d'une
Mère qu'il faut célébrer ; tout retentit de ses
louanges, un cri magnifique d'allégresse se
répète et monte vers les Cieux : *Magnificat
anima mea Dominum !*

C'est bien aux enfants à célébrer leur
Mère, à la louer, à la bénir, à l'implorer.
Qu'ils viennent à Benoîte-Vaux, les incrédules, les impies : ce spectacle les ébran-
lera. Qu'ils viennent surtout les malheureux,
les pauvres, les infirmes, les abandonnés :
ils verront quelle est la gloire, la puissance
et la bonté de son Cœur maternel.

Marie nous a enfantés au pied de la
croix ; pour nous, elle a donné plus que sa
vie, puisqu'elle a livré son Fils très cher à
une mort sanglante ; elle a été martyre de
son amour pour nous. « D'autres, dit saint
Jérôme, ont été martyrs parce qu'ils sont
morts pour Jésus-Christ, Marie l'a été en

mourant avec Jésus-Christ [1]. » — « Marie a été plus que martyre, car elle ne l'a pas été moins par son amour qu'elle ne l'eût été par le fer qui fait les martyrs [2]. » — « Les autres ont souffert dans leur chair, dit encore saint Bernard, mais la bienheureuse Marie a souffert dans cette partie d'elle-même qui est immortelle [3]. » Et ces immenses douleurs de Marie étaient pour enfanter nos âmes à la vie divine ; après nous avoir donné ce témoignage de son amour, comment ne nous obtiendrait-elle pas tous les biens ? Accourons donc tous à cette Mère si généreuse, si héroïque et si aimante.

Ave, Maria, etc.

Notre-Dame de Benoîte-Vaux, p. p. n.

(40 j. d'ind.)

[1] Martyres alii fuere moriendo pro Christo ; hæc (nempe Maria) commoriens Christo martyr fuit. (S. Hieron.)

[2] Plusquam martyr fuit, quia in anima non minus amoris quam mœroris gladio vulnerata fuit. (Rupert. in Joan.)

[3] Alii pro Christo passi sunt in carne, sed beata Virgo in ea parte sui passa est quæ est immortalis. (S. Bern., *Serm. de Verb. apost.*)

Vingt-deuxième Jour.

En parcourant la voie douloureuse, on trouve la Sainte Vierge partout sur les chemins de Benoîte-Vaux. Et comme il a été dit : *Marie domine tous les sommets de Sion,* on peut bien dire aussi : Marie domine toutes les saintes pratiques du pèlerinage ; c'est en union avec elle et par son inspiration que ses fidèles dévoués sanctifient leur pieux séjour au Vallon béni.

Elle nous apprend, debout contre la croix de son Jésus, combien il faut aimer les âmes et se sacrifier pour leur salut. La Sainte Vierge l'a si bien compris qu'elle accepte l'immolation de son Fils unique pour accomplir l'œuvre de la Rédemption. O Mères de la terre, entendez cela et jugez si Marie a de l'amour pour nous.

C'est donc à elle qu'il faut confier le soin

de convertir les pécheurs ; c'est à ses pieds qu'il faut pleurer sur les fils qui s'égarent ; c'est de son Cœur qu'il convient d'attendre le retour des prodigues. Elle les aime plus que vous ne pouvez les aimer, elle est plus mère que vous ne l'êtes, parce qu'elle est une mère plus parfaite, plus accomplie, et aussi plus puissante que vous. Car si vous êtes mères selon la nature, elle l'est selon la grâce ; et la différence est grande entre donner naissance à un homme ou pour la terre ou pour le Ciel. La vie de la terre passe, la vie du Ciel demeure ; l'une est éphémère, l'autre est éternelle ; la première est remplie de misères et de douleurs, l'autre est tout imprégnée de béatitude.

A côté du Fils qui est Dieu, Marie reçoit les enfants des hommes, et, sur ce Cœur virginal qui a conçu le Christ, elle donne place au pauvre pécheur qu'elle purifie dans son amour et dans le sang de Jésus. C'est un second enfantement, douloureux celui-là et héroïque jusqu'à l'excès ; mais elle l'a pleinement accepté au Calvaire en union avec le Divin Rédempteur, auquel elle a été associée pour accomplir l'œuvre grandiose de racheter le genre humain.

Ave, Maria, etc.

Notre-Dame de Benoîte-Vaux, p. p. n.

(40 j. d'ind.)

Vingt-troisième Jour.

En 1890, la construction d'un *Abri* pour les pèlerins fut commencée. Ils purent alors braver l'intempérie des saisons, trouvant au Vallon, hameau sans ressources, un refuge contre la pluie et le froid, tout proche de l'église et bien disposé pour y passer l'heure des repas. Mgr Pagis, qui avait eu l'heureuse initiative de cette œuvre, donna de vastes proportions au bâtiment, il fit appel à la générosité de ses diocésains : une insigne bienfaitrice de Benoîte-Vaux en partagea les frais ; quelque temps après, un sermon de charité fut donné à Paris, en l'église Saint-Philippe-du-Roule, par Mgr Gonindard, alors coadjuteur de l'Archevêque de Rennes ; une quête fructueuse, unie à des offrandes particulières, permit de monter les murs et d'établir une toiture provisoire ; des bancs et des tables en constituèrent le mobilier. C'était un progrès déjà pour faciliter le pèlerinage.

Dans le passé, Benoîte-Vaux a eu ses gloires ; dans le présent, il se transforme afin de pourvoir à des besoins nouveaux. La perfection ne consiste pas seulement dans la stabilité, mais dans l'avancement ; c'est pourquoi notre pèlerinage ne veut pas rester stationnaire, mais progresser toujours, pour attirer un plus grand nombre d'âmes et les porter à Dieu par la Vierge Marie.

De là ces réunions d'hommes. La première année, ils étaient des centaines,
conduits par leurs prêtres, sous la prési-
dence de leur Evêque ; l'année suivante, on
en compta un millier et les voûtes de
l'église résonnèrent d'un puissant *Credo,*
affirmation de leur foi courageuse, symbole
de leur union dans la charité du Christ
Jésus.

Mgr Pagis, avec un infatigable dévouement, leur donna trois jours de suite des
Conférences pendant lesquelles des applau-
dissements enthousiastes couvrirent plusieurs fois la voix éloquente de l'Evêque
vénéré.

Nous désirons que ces pèlerinages soient
comme les avant-coureurs, les préludes
d'exercices plus suivis encore, de véri-
tables *retraites d'hommes.* La retraite, le
silence, la solitude, la réflexion sur les
destinées éternelles, l'unique pensée du
salut occupant les esprits pendant l'espace

de plusieurs jours, pour faire halte au cours de la vie, comme nous en avons tous besoin, comme cela est nécessaire ! Ceux qui font les affaires de Satan ne le savent que trop, ils méditent longuement leurs projets ténébreux. Ecoutons la parole du Divin Maître : *Les enfants de ténèbres sont plus habiles que les enfants de lumière* [1]. Profitons de cette sévère leçon, prenons tous les moyens possibles pour servir Dieu avec intelligence et ferveur et prions pour la réalisation de cette œuvre si utile.

Ave, Maria, etc.

Notre-Dame de Benoîte-Vaux, p. p. n.

(40 j. d'ind.)

[1] Luc., xvi, 8.

Vingt-quatrième Jour.

Les pèlerins d'un jour trouvaient bien un *Abri* à Benoîte-Vaux ; les intérêts du pèlerinage réclamaient plus encore. Mgr Pagis écrivait : « Depuis plusieurs années, le pèlerinage prend une grande extension et promet de devenir un centre de **régénération** chrétienne pour le diocèse **de Verdun. Nous** désirons vivement que le mouvement qui a son point de départ dans ce Vallon béni, se réalise et gagne toutes nos paroisses. »

Ce n'était plus un jour seulement qu'il fallait passer à Benoîte-Vaux, c'est un séjour qu'il convenait d'y faire ; et pour favoriser les retraites, les pieux voyages, il devenait indispensable d'avoir autre chose qu'un Abri. Une personne qui comprit ces choses proposa l'établissement d'un Comité de Dames et en rédigea les statuts ; il fut placé sous le Patronage de Mgr l'Evêque ; Madame Robert de la Marche accepta d'en être la Présidente. Le bureau, fixé à Bar-le-Duc, forma des sous-Comités dans chaque arrondissement ou canton meusien, et des offrandes, des dons importants furent faits : toute personne qui souscrivait pour 500 francs avait droit à une *cellule*. En deux ans tout fut construit et meublé. Malgré les obstacles multiples que rencontra cette Œuvre marquée au coin des œuvres de Dieu par les épreuves, les difficultés, les déboires et la douleur, elle triompha de tout, grâce à la protection de Notre-Dame de Benoîte-Vaux. Elle la voulait, cette bonne Mère, pour son honneur et pour la gloire de son Divin Jésus.

La *Maison Notre-Dame* est à présent une belle construction qui contient une vingtaine de chambres destinées aux familles, une salle très vaste pour les réunions d'Œuvres ; elle est appelée à rendre d'immenses services, favorisant des séjours qui n'ont d'autre but que la sanctification des âmes.

A notre époque, la vie chrétienne est languissante dans un grand nombre d'âmes ; ici, c'est le pur esprit du christianisme qu'elles trouveront, c'est la ferveur qu'elles viendront chercher pour la communiquer ensuite dans leurs familles et dans leurs paroisses. Laissant pour un moment les soucis de la vie, elles méditeront, écoutant la voix divine qui se fait entendre dans le silence du cœur.

Si c'est une retraite ou un pieux séjour que nous faisons aux pieds de Marie, nous en ressentirons un salutaire effet. De nous-mêmes, nous ne pouvons rien ; venons donc méditer les choses surnaturelles et demander à Dieu sa grâce avec son amour afin d'avancer dans le chemin qui mène à l'éternité bienheureuse. « Ni dans l'ordre de la nature, ni dans l'ordre de la grâce, disait notre grand Bossuet, la terre pauvre et indigente ne peut s'enrichir que par son commerce avec le Ciel [1]. »

Ave, Maria, etc.

Notre-Dame de Benoîte-Vaux, p. p. n.

(40 j. d'ind.)

----

[1] Bossuet, *Sermons.*

Vingt-cinquième Jour.

En 1897, le cardinal Langénieux, archevêque de Reims, vint à Benoîte-Vaux. Son Eminence, assistée de S. G. Mgr Pagis, présida les fêtes de saint Pierre Fourier et fit la bénédiction de la *Maison Notre-Dame*. Ce fut un précieux encouragement pour les membres de l'Œuvre.

Les solennités annoncées à l'occasion de la canonisation de ce grand saint avaient attiré des foules considérables. Pierre Fourier, qui naquit, vécut et mourut dans nos pays de l'Est, fut le Fondateur des Religieux, gardiens zélés du Sanctuaire. Benoîte-Vaux se trouvait donc indiqué pour être, en notre diocèse, le lieu consacré à ces fêtes inoubliables. Pendant toute la saison d'été, les reliques du Saint furent exposées à la vénération des fidèles; une neuvaine prépara ce jour béni; le pieux Vallon retentit d'un cantique d'allégresse en l'honneur de saint Pierre Fourier; la majes-

tueuse procession, précédée de la fanfare de
Pierrefitte, des enfants habillés de blanc,
suivie de NN. SS. les Evêques de Saint-Dié
et Verdun et de S. E. le Cardinal, se rendit,
par le chemin des stations, à la croix monu-
mentale où tout était prêt pour la Messe du
Pontife. Mgr Foucauld fut l'éloquent pané-
gyriste du Saint. L'enthousiasme ne put se
contenir, et Pierre Fourier, le pauvre religieux, l'humble curé de Mattaincourt, fut
acclamé par la foule.

Saint Pierre Fourier est un modèle
des plus sublimes vertus, et c'est par sa
touchante dévotion envers la Sainte Vierge
qu'il s'éleva à une haute sainteté. Pierre
imita si bien cette bonne Mère qu'il devint
son fils de prédilection. Toutes ses entreprises, il les plaça sous le patronage de
Marie ; toute sa vie, il la mit sous cette
divine protection. Le nom de Notre-Dame
fut donné aux Religieuses qu'il fonda ; et
quand, au dernier jour de sa vie, assailli
par une légion de démons jaloux, qui

tentent de jeter le trouble dans cette âme
humble à la pensée des jugements, comme
cela peut arriver aux saints les plus remarquables, il porte ses yeux sur une image
de Marie ; c'est là sa suprême ressource.
Alors la Vierge s'incline vers son dévot
serviteur, adoucit son dernier moment,
embrase son cœur d'une ardente charité
et ouvre l'entrée du Ciel à celui qui aimait
tant à répéter à ses Filles et à ses Fils
spirituels : « *Habemus bonum Dominum
et bonam Dominam. Nous avons un bon
Maître et une bonne Maîtresse.* »

Oui, nous avons un bon Maître et une
bonne Maîtresse. Avec saint Pierre Fourier, confions-nous à eux pendant notre
vie et soyons assurés d'obtenir leur assis-
tance au dernier de nos jours.

Ave, Maria, etc.

Notre-Dame de Benoîte-Vaux, p. p. n.

(40 j. d'ind.)

Vingt-sixième Jour.

*« L'OEuvre de Benoîte - Vaux, à laquelle
nous donnons notre vive approbation,* avait
dit Mgr Pagis, *est l'OEuvre de la propagation
de la foi à l'intérieur du diocèse ; elle com-
battra l'indifférence religieuse ; elle ravivera
l'esprit chrétien ; elle fera refleurir la foi des
anciens jours. »*

Cette Œuvre n'était pas complète sans le
personnel indispensable à son fonctionne-
ment. Le Comité appela des Religieuses [1] qui
sont à présent une providence pour ce pauvre
pays. Non seulement elles exercent l'hospita-
lité envers les pèlerins, elles ont encore soin
des petits enfants du hameau et font tout le
bien qu'on peut attendre d'une humble Com-
munauté, animée d'un excellent esprit religieux, remplie d'un dévouement qui ne se
dément jamais et qui est uni à la plus in-
telligente activité.

[1] Les Sœurs de la Foi, Maison-Mère à Haroué (M.-et-M.).

Isaïe a prophétisé : *La solitude qui était déserte et sans chemin, se réjouira et elle fleurira comme le lis. Elle germera avec une grande fécondité et elle tressaillira de joie dans ses louanges* [1]. Nous constatons cetté merveille à Benoîte-Vaux, petit pays perdu au milieu des bois, qui devient un centre de réunion pour les Œuvres de charité, étend son influence aux extrémités de la Meuse et de la Lorraine : Conférences de Saint-Vincent de Paul, Œuvre des Campagnes, Congrégations de la sainte Vierge, Patronages, Tiers-Ordres s'y donnent rendez-vous.

Ce n'est pas seulement la prière que l'on pratique à Benoîte-Vaux ; la prière est un moyen pour arriver au but. A l'imitation de Notre-Seigneur qui a laissé le repos et la gloire du Ciel pour venir évangéliser le monde, on quitte la prière et la contem-

---

[1] Is., xxxv, 1-2.

plation pour exercer l'apostolat. « Quand l'apostolat et les œuvres de charité sont absolument indispensables à l'Eglise, écrivait le chanoine Didiot, quand la voix du Pasteur suprême appelle tous ses enfants au combat, la vie active peut devenir préférable à la vie contemplative. Non point que celle-ci cesse jamais d'être utile par ses mérites, ses aspirations et ses intercessions, mais il y a des temps de luttes où le soldat est peut-être plus nécessaire que le docteur, des temps de calamité où la miséricorde doit passer avant la science [1]. »

Voilà pourquoi le pèlerinage nous convie à travailler à notre sanctification afin de pouvoir sanctifier les autres ; le royaume de Dieu qui est *au dedans* est également *au dehors ;* les vertus qui ont *germé dans le désert* doivent se répandre en une floraison

[1] Chanoine Didiot, *De l'état religieux*, ch. XI.

continuelle pour semer partout la fécondité : œuvres de charité, œuvres de zèle, œuvres d'apostolat, voilà les fruits bénis d'une retraite à Benoîte-Vaux.

Ave, Maria, etc.

Notre-Dame de Benoîte-Vaux, p. p. n.

(40 j. d'ind.)

Vingt-septième Jour.

La *Confrérie de l'Enfant Jésus,* fondée en 1639 par saint Pierre Fourier, a été rétablie à Benoîte-Vaux en 1898. Elle est bien appropriée à ce pèlerinage, et la Vierge bénie qui tient dans ses bras son Petit Jésus semble appeler tout spécialement l'enfance dans son sanctuaire. C'est la protection d'une Mère qu'elle vient y solliciter : en faisant partie de cette association, en récitant une courte prière chaque jour, en cherchant à imiter les vertus de l'Enfant Divin, ces petits agneaux du bercail de Jésus apprennent, dès leurs premières années, les devoirs de la vie chrétienne et prennent la louable habitude de penser à Dieu, élevant vers lui leurs cœurs innocents.

Les mères apportent leurs petits enfants à Celui qui a dit : *Laissez-les venir à moi* [1]. Il les aime parce qu'ils sont purs, humbles, simples et confiants ; il les trouve si beaux qu'il nous les donne pour modèles : *Si vous ne devenez semblables à ces enfants, vous n'entrerez point dans le royaume des Cieux* [2], c'est-à-dire purs, humbles, simples et confiants comme eux. Les *tout petits* seront nos juges au jour suprême des justices divines : comme cela doit rabaisser notre orgueil ! Oh ! demandons à l'Enfant Jésus, qui s'est anéanti pour l'amour de nous, d'enseigner à nos âmes les vertus de l'enfance ; recommandons-lui aussi ces

[1] Matth., xix, 14.
[2] Matth., xviii, 3.

petits qui sont en danger dans les écoles
sans Dieu, dans les ateliers corrompus et
jusque dans leurs propres familles qui
n'ont plus la foi. Malheur ! mille fois
malheur à ceux qui scandalisent [1] une de
ces pauvres petites créatures si aimées
de Dieu.

Mères chrétiennes, consacrez vos enfants
au Fils de Marie ; mettez tous vos soucis
à conserver leur innocence, préservant
leurs jeunes années des influences mal-
saines, formant à la vertu leur jeunesse
inexpérimentée ; travaillez à former une
génération chrétienne. Ces enfants vous
doivent la vie, mais la vie de l'âme est
plus précieuse que la vie du corps. Sou-
venez-vous que la Très Sainte Vierge a
mérité d'être louée, non pas pour avoir
porté Jésus-Christ dans son sein, mais pour
l'avoir auparavant formé dans son esprit :
Deum suum prius mente, dehinc ventre

[1] Matth., XVIII, 6.

concepit [1]. Ces enfants feront votre couronne et votre gloire si vous savez l'imiter ; vous les aurez enfantés non seulement pour la terre, mais pour le Ciel.

Ave, Maria, etc.

Notre-Dame de Benoîte-Vaux, p. p. n.

(40 j. d'ind.)

~~~~~~

Vingt-huitième Jour.

Avec la Confrérie de l'Enfant Jésus, l'Association du Suffrage pour les défunts, celle de l'Œuvre de Benoîte-Vaux, les pèlerinages des malades, etc., unissent les chrétiens comme les enfants d'une même Mère qui chaque année aiment à se retrouver ; c'est un pieux rendez-vous où les âmes, tout en se retrempant dans des exercices fréquents, bénéficient

---

[1] *Missel Mozarabe.* IIe dim. de l'Avent.
~~~~~~

chacune des mérites et des exemples des
autres. Là, on ne connaît pas le *Væ soli*
de l'Ecriture sainte, on ne se trouve jamais
isolé parce qu'un lien se forme entre les
habitués du pèlerinage ; ce lien est celui d'une
charité mutuelle.

Les premiers fidèles n'avaient tous *qu'un
cœur et qu'une âme* [1] *:* c'était l'idéal de la
vie chrétienne et ce qui servit le mieux à
convertir les païens. Cette charité inconnue jusque-là les étonnait, les émerveillait,
leur faisait dire : « Voyez donc comme ils
s'aiment ! » Attirés par un spectacle si
nouveau, ils venaient aux chrétiens pour
jouir eux aussi de ce doux commerce ; ils
voyaient les riches et les pauvres, les
grands et les petits, les vieillards et les
enfants, les hommes libres et les esclaves
donner au monde l'exemple d'une société
admirable et se laissaient séduire par cette

[1] Act., IV, 32,

charité merveilleuse, née du sang et de l'amour du Sauveur Jésus.

La charité sauve plus d'âmes que toutes les paroles, elle attire mieux que toutes les théories, elle guérit plus de douleurs que tout l'or du monde. C'est à l'autel de Dieu, c'est auprès de Très Sainte Vierge Marie que l'on apprend la parfaite charité. Quand Jésus était adolescent, les Nazaréens disaient dans leurs peines : « Allons à *la suavité !* » Il ne prêchait pas encore, le Sauveur, il n'enseignait pas sa sublime doctrine, il ne faisait pas de miracles ; vivant caché dans ses jeunes années pour ne révéler sa mission divine que plus tard, Notre-Seigneur faisait déjà œuvre de Messie en attirant à lui les âmes qu'il avait résolu de sauver. Et comment les attirait-il ? par sa douceur, son abnégation, sa bonté, sa charité. Il nous enseigne par ses exemples à exercer une forte et suave influence sur ceux qui nous entourent avec des moyens dont le monde s'étonne, parce qu'ils diffèrent considérablement de ceux qu'il emploie pour arriver à ses fins ; ceux-là sont les vrais et les bons, ils dérivent de l'esprit du christianisme, que Jésus et Marie nous ont appris eux-mêmes.

Ave, Maria, etc.

Notre-Dame de Benoîte-Vaux, p. p. n.

(40 j. d'ind.)

Vingt-neuvième Jour.

Entre les offices, les prêtres exposent à la vénération des fidèles les reliques précieuses du voile, du vêtement et du tombeau de la Sainte Vierge, renfermées dans une petite statue, offerte par Pie IX à Mgr Hacquard ; ils donnent le saint Scapulaire, bénissent les pieux souvenirs destinés aux absents, les font toucher à l'Image miraculeuse, imposent les mains aux petits enfants, etc.

Ces pratiques de piété alimentent la dévotion. Entre toutes, qu'il nous soit permis de signaler à l'attention celle de *l'imposition des mains,* devenue si rare de nos jours. Qu'est-ce donc que l'imposition des mains ? C'est la bénédiction solennelle du prêtre qui attire la grâce divine sur la tête du fidèle agenouillé à ses pieds. Aux siècles passés, cette pratique était fréquente ; quant à nous, nous n'avons plus assez de foi pour la solliciter, nous n'avons pas ce respect du sacerdoce, cette confiance en ses pouvoirs dont nos pères s'honoraient. Le prêtre, mais il est devenu, par son ordination, le propagateur, le nourricier, le grand semeur et réparateur de vie surnaturelle dans le monde ; il tient son sacerdoce de Jésus-Christ même ; c'est par son entre-

mise que Dieu nous accorde tous les biens ;
le prêtre sert d'intermédiaire entre le Ciel
et les peuples ; il est docteur, il est juge, il
est sacrificateur, il est le plénipotentiaire
de Dieu ; il est aussi le père des âmes.

Nous devons avoir un souverain respect
pour le prêtre et pour son ministère sacré ;
nous faire une haute idée de celui qui est
ici-bas le représentant de l'autorité divine
en même temps que le dispensateur de ses
trésors. Nous n'avons pas à examiner sa
conduite ; laissons cela à Celui qui *juge les
justices*. Il est homme ; et, pour nous, il
est homme de Dieu : *homo Dei*. Arrière
donc la critique, la censure, l'insubordina-
tion à l'égard des ministres du Seigneur :
Nolite tangere Christos meos. C'est la sou-
mission qu'il faut, l'estime, la vénération,
la filiale déférence, le sage dévouement,
la reconnaissance et, par-dessus tout, le
respect.

La sainte Eglise est d'institution divine ;

la dénigrer dans ses membres, c'est blasphémer Dieu ; les honorer, au contraire, c'est glorifier le Seigneur qui a dit : *Celui qui vous écoute, m'écoute*[1] ; et : *Ce que vous aurez fait au plus petit des miens, c'est à moi-même que vous l'aurez fait*[2] ; à bien plus forte raison à ceux que j'ai choisis, qui sont mes Elus et mes Saints, et dans lesquels j'ai mis toutes mes complaisances.

Ave, Maria, etc.

Notre-Dame de Benoîte-Vaux, p. p. n.

(40 j. d'ind.)

Trentième Jour.

Benoîte-Vaux a vu ces années dernières le beau spectacle des pèlerinages d'ouvriers : Corporations industrielles, Cercles catholi-

[1] Luc., x, 16. — [2] Matth., xxv, 40.

ques, Patronages, conscrits ; ces derniers venant mettre leurs années de service militaire sous la protection de Notre-Dame, qui si souvent a veillé sur nos armées, témoin ce soldat blessé, abandonné, mourant sur le champ de bataille, et ne perdant pas espoir parce qu'il se disait : « *Je suis sous la protection de Notre-Dame de Benoîte-Vaux.* »

C'est là un début qu'on ne saurait trop encourager. Jésus veut tout attirer à lui. Il a été appelé le fils de l'ouvrier, sa Mère a choisi la pauvreté d'une humble demeure, dans un petit pays. Qu'ils viennent donc les travailleurs à Celui qui a travaillé aussi, et quand, fatigués du labeur et las de la vie, ils ont besoin de se reposer, qu'ils arrivent au Vallon béni, terre de solitude et de paix. Ils y reprendront des forces et du courage pour continuer à gravir le « rude sentier » et parvenir, vainqueurs, à l'éternel repos. Car la vie passe. « Ici-bas, disait le P. Félix, nous ne nous rencontrons que pour

nous quitter ; nous ne nous unissons que
pour nous séparer ; nous ne nous aimons
que pour nous mieux pleurer... Si je
regarde dans mon passé la trace de mes
pas, hélas ! parmi ceux qui m'accompa-
gnaient au chemin et y marchaient avec
moi, combien dont la main s'est détachée
de la mienne, arrachés qu'ils étaient par la
froide main de la mort ! Combien dont
j'avais entendu la voix, alors que nous
descendions ensemble le fleuve rapide du
temps, et qui ne me parleront plus que dans
le silence de l'éternité ! Parmi les cœurs
qui ont touché à mon cœur et dont l'amitié
fit un jour le charme de ma vie, combien
sont éteints et glacés par la mort[1] ! »

Il nous faut donc lever les yeux plus haut
et voir, après le labeur de cette vie, le Ciel
où notre Dieu et nos frères nous attendent.
C'est un besoin pour nous et nous aspirons
de toute l'ardeur de notre âme à la jouis-

[1] Conférence à Notre-Dame. *La destinée.*

sance de la tranquillité sans même nous en rendre compte. « Le travail n'est qu'un effort pour trouver le repos. Oui, si nous travaillons avec une ardeur persévérante, si nous luttons contre tous les obstacles avec un courage que rien ne déconcerte, c'est qu'au bout de ces travaux et de ces fatigues nous aspirons à nous reposer ; et si nous multiplions et précipitons le travail, c'est pour nous assurer à la fois un repos et plus grand et plus prompt [1]. »

Quel que soit le genre de labeur ici-bas, il est la loi de la vie : *l'homme mangera son pain à la sueur de son front* [2]. Dieu lui-même a voulu accomplir ce précepte. Il nous reste à sanctifier notre travail, afin qu'il nous procure la récompense du travail : le repos de l'éternité.

Ave, Maria, etc.

Notre-Dame de Benoîte-Vaux, p. p. n.

(40 j. d'ind.)

[1] R. P. Félix, *ibid.*
[2] Gen., III, 19.

Trente et unième Jour.

Du premier au dernier jour du Mois, nous avons résumé l'histoire de Benoîte-Vaux; nous l'avons méditée sous le regard de notre Mère, afin d'en tirer des enseignements pratiques pour la sanctification de nos âmes. Prions-la, cette divine Vierge, de graver profondément dans nos cœurs les saintes pensées, les bons désirs, les fortes résolutions qu'ils ont provoqués; demandons-lui surtout d'imiter ses vertus; allons à Jésus par Marie et nous ferons de rapides progrès dans le chemin qui conduit à l'éternelle félicité, aidant ceux qui nous entourent à y parvenir eux-mêmes.

Nous parlions d'apostolat dans les pages précédentes; cette mission n'a-t-elle pas été celle de la Vierge-Mère dans l'Eglise du Christ? Après que le Messie fut remonté au Ciel, Marie dirigea le Collège des Apôtres; elle y exerça une puissante influence, formant cette Eglise naissante à toutes les vertus.

L'Evangile ne dit pas les sublimes leçons de la Très Sainte Vierge ; il ne révèle pas les secrets de son cœur communiqués à ses Fils, les Apôtres ; mais nous savons que, vivant auprès d'eux et dans la maison de Jean, elle a été la grande inspiratrice de leurs travaux, comme aussi le modèle proposé à leur sainteté.

Il est bon de lui recommander les œuvres de zèle, de chercher la lumière au pied de ses autels, de réclamer l'appui de ses prières : « *Si Marie prie pour vous, vous êtes sauvés* », disait saint Alphonse de Liguori. Comment Marie, qui est mère, pourrait-elle ne pas prier pour ses enfants, ne pas s'intéresser à leur salut et à toutes leurs œuvres, surtout quand celles-ci touchent de près à la gloire de Dieu et qu'en réalité elles sont entreprises pour Lui ?

Remercions cette Vierge bénie de nous avoir escortés tous les jours du Mois, nous guidant comme une mère qui tient son enfant par la main et, avec saint Bonaventure, disons-lui un cantique d'action de grâces, un chant d'amour :

« Je vous glorifierai, Mère admirable du Fils de Dieu, et je chanterai tous les jours vos louanges. »

« Tous les peuples loueront vos œuvres de génération en génération, et les lieux les plus reculés de l'univers ressentiront les effets de votre miséricorde. »

« Les Anges annonceront votre incomparable douceur et les Saints publieront la tendresse de votre charité. »

« Toute notre confiance est en vous, ô grande Reine ; procurez-nous la vraie nourriture qui doit faire les délices de nos âmes. »

« Ma langue chantera vos louanges et je vous bénirai dans les siècles des siècles [1]. »

[1] S. Bonaventure, *Psautier.*

IMPRIMATUR

Virduni, die 18 Aprilis 1901.

LIZET, *vic. gen.*

Bar-le-Duc. — Impr. de l'ŒUVRE DE SAINT-PAUL.

DU MÊME AUTEUR

Un Sanctuaire vénéré au Pays lorrain. — *Notre-Dame de Benoîte-Vaux.* — Un volume, illustrations hors texte et couverture spéciale. — Prix : **3** fr. **50**; *franco* **4** fr.

Sainte Agnès et les Vierges de la Primitive Eglise. — Un volume illustré. — Prix : **2** fr.; *franco* **2** fr. **30**.

Les Saints. — Un volume illustré. — Prix : **2** fr.; *franco* **2** fr. **30**.

La Femme française dans son rôle patriotique. — Un volume in-8º illustré.

Librairies de l'Œuvre de Saint-Paul :

BAR-LE-DUC	PARIS
36, rue de la Banque, 36.	6, rue Cassette, 6.

Tous ces ouvrages se vendent au profit des Œuvres de Charité.